Jo-Jo

Lesebuch 4

Arbeitsheft
Lesestrategien

Erarbeitet von
Manuela Hantschel und
Martin Wörner

Unter Mitwirkung von
Katja Eder
Tanja Glatz
Erna Hattendorf

Cornelsen

Jo-Jo

Lesebuch 4

Arbeitsheft
Lesestrategien

Erarbeitet von Manuela Hantschel und Martin Wörner
Unter Mitwirkung von Katja Eder, Tanja Glatz, Erna Hattendorf

Redaktion Birgit Waberski, Susanne Dahlbüdding
Illustrationen Sabine Wiemers
Umschlagillustration Sylvia Graupner
Gesamtgestaltung und technische Umsetzung Heike Börner

www.cornelsen.de

1. Auflage, 1. Druck 2012

Alle Drucke dieser Auflage sind inhaltlich unverändert
und können im Unterricht nebeneinander verwendet werden.

Druck: Himmer AG, Augsburg

ISBN 978-3-06-082628-5

Inhalt gedruckt auf säurefreiem Papier aus nachhaltiger Forstwirtschaft.

Inhalt

Lesestrategien

Textgattungen

leicht mittel schwer

Ausführliches Inhaltsverzeichnis: Seite 30–32

Texte besser verstehen: Überschriften und Bilder nutzen

1 Schau dir das Buchcover an.
Worum könnte es in dem Buch gehen?
Schreibe deine Vermutung auf.

2 Schau dir das Buchcover an und lies den Klappentext.
Ist das Buch ein Sachbuch oder eine Erzählung? Kreuze an.

☐ Sachbuch

☐ Erzählung

Solange sie denken konnten, lebten die beiden Chamäleons zusammen auf Baum 532 im Regenwald von Kakamega. Der Baum war ihre ganze Welt. Forscher hatten eine kleine, rote Plakette auf den Stamm des Urwaldriesen genagelt. Und seitdem hieß der Baum 532.

Texte besser verstehen: sich einen Überblick verschaffen

3 Verschaffe dir einen Überblick: Lies die Sätze vom Anfang, aus der Mitte und vom Ende des Buches. Sachtext oder Erzähltext? Entscheide und begründe.

Dieser Text ist ein ______________________________, weil

____

____

____

____

Solange Ume und Katiti denken konnten, lebten sie im Regenwald von Kakamega. Obwohl die beiden Chamäleons so unterschiedlich waren wie nur irgend möglich, blieben sie die besten Freunde.

Katiti legte ihren Kopf schräg und lauschte in das Blätterdickicht des Dschungels unter ihr. Kein Zweifel, da näherte sich etwas Großes der Krone.

Noch einmal gingen ihr all die sonderbaren Dinge durch den Kopf, die sie erlebt hatte. Dann schmiegte sie sich an die duftende Rinde von Baum 532 und nahm einen Herzschlag lang seine Farbe an.

Texte besser verstehen: Leseerwartungen formulieren

- Vermute, worum es in dem Text geht.
- Was weißt du schon über das Thema? Was möchtest du wissen? Was erwartest du?

1 Welche Vermutungen und Erwartungen passen zu welchem Buch? Verbinde die Sprechblasen mit dem richtigen Cover.

Ich habe Lust, mal wieder eine richtig spannende Geschichte zu lesen.

Ich will auf jeden Fall mitraten können.

Darin erfahre ich bestimmt alles über die Sioux.

Ich möchte gerne wissen, warum Eulen so leise fliegen können.

Geschichten, bei denen ich mich grusele, mag ich nicht so gerne.

Bestimmt geht es um Tiere, die nachts unterwegs sind.

2 Lies die Überschrift. Schau dir das Bild an und lies den Textauszug. Worum geht es in dem Text? Schreibe deine Vermutungen und deine Erwartungen auf.

Sonnen und Sterne
Unter den vielen Sternen am Himmel
können wir einen einzigen auch am Tag sehen:
Das ist der Stern, den wir „Sonne" nennen.

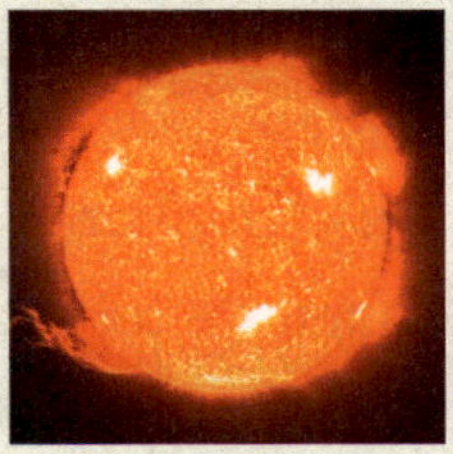

Es geht um: ______________________________

Das weiß ich schon	Das möchte ich wissen

3 Welche Erwartungen kannst du an welche Textart stellen? Verbinde alle Möglichkeiten.

Textart	Ich erwarte ...
Krimi ○	○ eine spannende Geschichte.
Fantasy ○	○ etwas zum Lachen.
Märchen ○	○ dass ich erfahre, wie etwas geht.
Spielanleitung ○	○ neue Informationen.
Gedicht ○	○ dass ich erfahre, was passiert ist.
Sachtext ○	○ einen besonders schönen Text.
Bericht ○	○ dass am Ende alles gut ausgeht.
Witze ○	○ dass ich lange darin lesen kann.
Kinderroman ○	○ neue, fremde Welten.

Texte besser verstehen: unbekannte Wörter klären

- Suche im Text nach einer Erklärung.
- Schlage in einem Lexikon nach.
- Schau dir das Bild an.
- Frage andere Kinder oder Erwachsene.

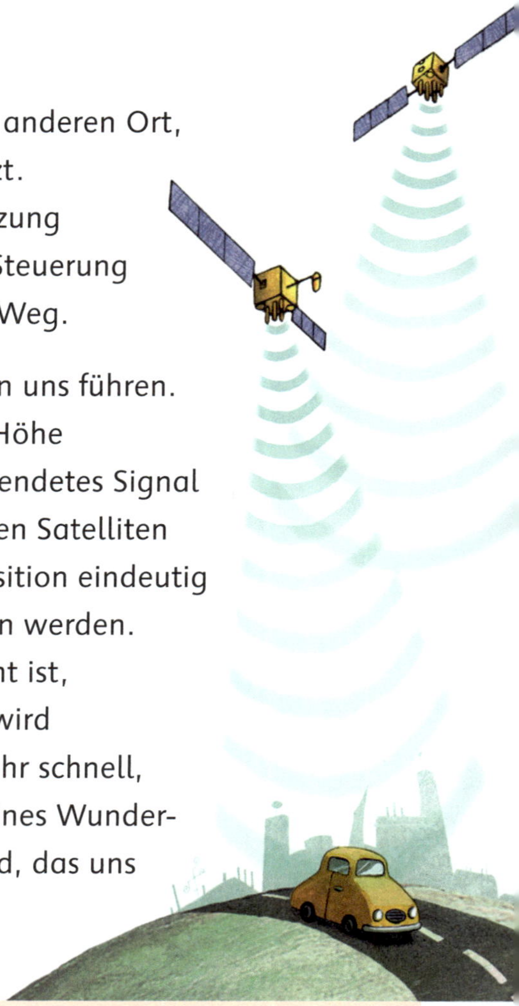

Das Navi

Wollten die Menschen früher von einem Ort zu einem anderen Ort, haben sie eine Landkarte oder einen Stadtplan benutzt. Heute vertrauen sie oft ihrem Navi. Navi ist die Abkürzung für Navigationsgerät. Navigation bedeutet übersetzt Steuerung eines Schiffes oder Fahrzeuges auf einem bestimmten Weg.

Das kleine Gerät hat Landkarten gespeichert und kann uns führen. Dazu steht es mit Satelliten in Kontakt, die in großer Höhe die Erde umkreisen. Das Navi misst, wie lange ein gesendetes Signal zu den Satelliten braucht. Steht das Gerät mit mehreren Satelliten in Verbindung, kann es durch diese Kontakte seine Position eindeutig bestimmen. Das Ziel muss nur in das Gerät eingegeben werden. Wenn die Position, also der genaue Standort, bestimmt ist, kann das Gerät die Route berechnen. Zwischendurch wird die Position immer neu geortet. So merkt das Gerät sehr schnell, wenn der Fahrer falsch gefahren ist. Es ist also ein kleines Wunderwerk der Technik, mit großem Aufwand im Hintergrund, das uns im Alltag gute Dienste leisten kann.

1 Lies den ersten Abschnitt. Wofür steht die Abkürzung Navi? Was bedeutet das Wort? Suche das Wort und die Erklärung im Text und schreibe sie auf.

___

___

___

2 Lies den Text. Markiere diese schwierigen Wörter im Text.
Steht ihre Erklärung im Text? Kreuze an.

	Erklärung im Text	keine Erklärung im Text
Navigation		
Position		
Route		

3 Lies den Text. Markiere alle schwierigen Wörter. Kläre die Wörter:
Findest du die Erklärung im Text? Kannst du die Erklärung
in einem Lexikon nachschlagen? Oder musst du jemanden fragen?
Kreuze an und schreibe die Erklärung auf.

	Text	Lexikon	fragen
Navigation: ______________________ ______________________ ______________________	☐	☐	☐
Satellit: ______________________ ______________________	☐	☐	☐
Kontakt: ______________________	☐	☐	☐
Signal: ______________________ ______________________	☐	☐	☐
Position: ______________________	☐	☐	☐
Route: ______________________	☐	☐	☐
orten: ______________________	☐	☐	☐

Texte besser verstehen: einen Text in Abschnitte einteilen

- Teile den Text in Abschnitte ein.
  Überlege dir für jeden Abschnitt eine Überschrift.
- Finde die wichtigen Wörter in jedem Abschnitt.

1 Lies den Text. Teile ihn in Abschnitte ein. Ordne den Abschnitten die Überschriften zu und schreibe sie daneben.

2 Entscheide, welche der markierten Wörter sind wichtig? Schreibe nur die wichtigen Wörter unter die Überschriften.

Till wird reich | Till backt kein Brot | Till wird entlassen | Bäckergeselle Till

Till Eulenspiegel

Einmal kam Till zu einem Bäcker. Gleich sollte er das Backen übernehmen. „Ja, was soll ich denn backen?", fragte Till. Voller Spott rief der Meister: „Du willst Bäckergeselle sein? Back doch Eulen und Meerkatzen!" Till nahm ihn beim Wort. Aus Mehl knetete er Teig, formte Eulen und Meerkatzen und backte sie. Als der Bäcker kam und kein Brot fand, schrie er wütend: „Nimm dein Narrenzeug und verschwinde!" Till musste sogar den Teig bezahlen. Dann nahm er seine Eulen und Meerkatzen und ging zum Marktplatz. Die Leute staunten und freuten sich an dem lustigen Gebäck, und weil sie für den Nikolaustag kleine Geschenke suchten, hatte Till bald alles verkauft. So verdiente Till viel mehr Geld, als er dem Bäcker bezahlen musste.

3 Lies den Text. Teile ihn in Abschnitte ein. Schreibe neben jeden Abschnitt eine Überschrift.

4 Suche die wichtigen Wörter in jedem Abschnitt und schreibe sie unter die Überschriften.

Würstchen mal ganz süß

Das gibt es nur im Frühling: einen Becher mit leckerem frisch gekochtem Ahornsirup. In Quebec, einer Provinz im Osten Kanadas, ist das in jedem Jahr ein besonderer Augenblick. Denn dort gibt es jede Menge Ahornbäume. Bereits die indianischen Ureinwohner nutzten diese Quelle für eine besondere Köstlichkeit. Die Sirupsaison beginnt, wenn die Temperaturen Plusgrade erreichen. Das ist in Kanada oft erst ab März, manchmal noch später der Fall. Dann bohren die Ahorn-Farmer vorsichtig Löcher in die Baumstämme. Die austretende Flüssigkeit wird gesammelt. Noch ist sie aber kein Sirup. Der Pflanzensaft wird in der Zuckerhütte gefiltert und so lange erhitzt, bis das meiste Wasser verdunstet ist. Es entsteht eine klebrige Flüssigkeit: Ahornsirup. Man gibt ihn über Pfannkuchen und isst ihn sogar zu Bohnen, Würstchen oder Spiegeleiern, denn Ahornsirup ist die besondere kanadische Spezialität. Auf der kanadischen Flagge ist ein großes, rotes Ahornblatt zu sehen.

Texte besser verstehen: W-Fragen zu Texten stellen

- Stelle W-Fragen an den Text.

Paul fährt vor

Vor dem Schulgebäude tummelten sich eine Menge Kinder. Paul fuhr Schritttempo, damit ihn auch jeder sehen konnte. Schon von Weitem entdeckte er seinen Freund Luis. Er hupte. Alle Köpfe drehten sich zu ihm hin.

Die Augen der Jungen wurden groß und dunkel, als sie den roten Sportflitzer sahen. Paul genoss die allseitige Bewunderung in vollen Zügen. Luis sperrte den Mund auf. „Paul! Du?“, rief er, als er sich vom ersten Schock erholt hatte. Paul stoppte den Wagen vor dem Schulhaus und winkte ihm herablassend zu. Luis rannte zu ihm hin, verfolgt von einer Traube aufgeregter Schüler, zu der auch Robert gehörte. „Irre Kiste!“ Luis pfiff anerkennend durch die Zähne.

Mit beiden Ellenbogen drängelte sich Robert nach vorn. Er beugte sich zu Paul hinunter, der stolz wie ein Schneekönig hinter dem Steuerrad saß. Verschwörerisch zwinkerte Robert Herrn Plümo zu, der mit den Fingern seinen Schnurrbart in Form brachte. „Habt ihr den Schlitten geknackt?“ Sollte Robert denken, was er wollte. Hauptsache, er war beeindruckt. Und das war er!

Brigitte Endres

1 Lies den Text. Welche W-Fragen helfen dir, den Text besser zu verstehen? Kreuze an.

Womit kam Paul in die Schule? ☐
Was brachte Herr Plümo in Form? ☐
Wodurch pfiff Luis? ☐
Wie fühlte sich Paul? ☐

2 Lies den Text. Schreibe W-Fragen zum Text auf.
Markiere die Antworten im Text.

___

___

___

3 Lies den Text. Was ist Paul so wichtig? Schreibe auf.

___

___

___

4 Wie könnte die Geschichte weitergehen?
Schreibe W-Fragen zum Fortgang der Geschichte auf.

___

___

___

___

Texte besser verstehen: ein Schaubild zum Text gestalten

- Gestalte ein Schaubild zum Text.
- Erkläre jemandem, worum es in dem Text geht. Nutze dein Schaubild.

Der Goldhamster

In ihrem Aussehen unterscheiden sich die Goldhamster vom einheimischen Feldhamster. Der als Haustier beliebte Goldhamster ist nur ca. 15 bis 19 cm lang. Goldhamster wiegen zwischen 80 und 160 g. Ihr Fell ist auf dem Rücken rotbraun bis goldbraun, auf der Unterseite sind sie fast weiß.

Für die richtige Haltung eines Goldhamsters brauchst du einen großen Käfig. In der freien Natur laufen Hamster sehr viel, deshalb ist auch ein Laufrad sehr wichtig. Pappröhren von unterschiedlicher Größe sorgen für Abwechslung im Käfig. Das Schlafhäuschen polstern sich die Hamster mit Heu und mit Papiertaschentüchern aus.

Gib deinem Goldhamster abwechslungsreiches Futter, neben Getreidekörnern auch frisches Obst und Gemüse, wie Äpfel, Gurken und Möhren. Besonders gerne fressen Hamster frische Petersilie und Löwenzahn. Lebenswichtig für einen gesunden Goldhamster ist auch tierisches Futter, zum Beispiel Mehlwürmer. Für die Nagezähne braucht dein Hamster trockenes Brot oder Äste.

Goldhamster sind hauptsächlich nachtaktiv. Sei also nicht enttäuscht, wenn sich dein Tier am Tag nicht blicken lässt.

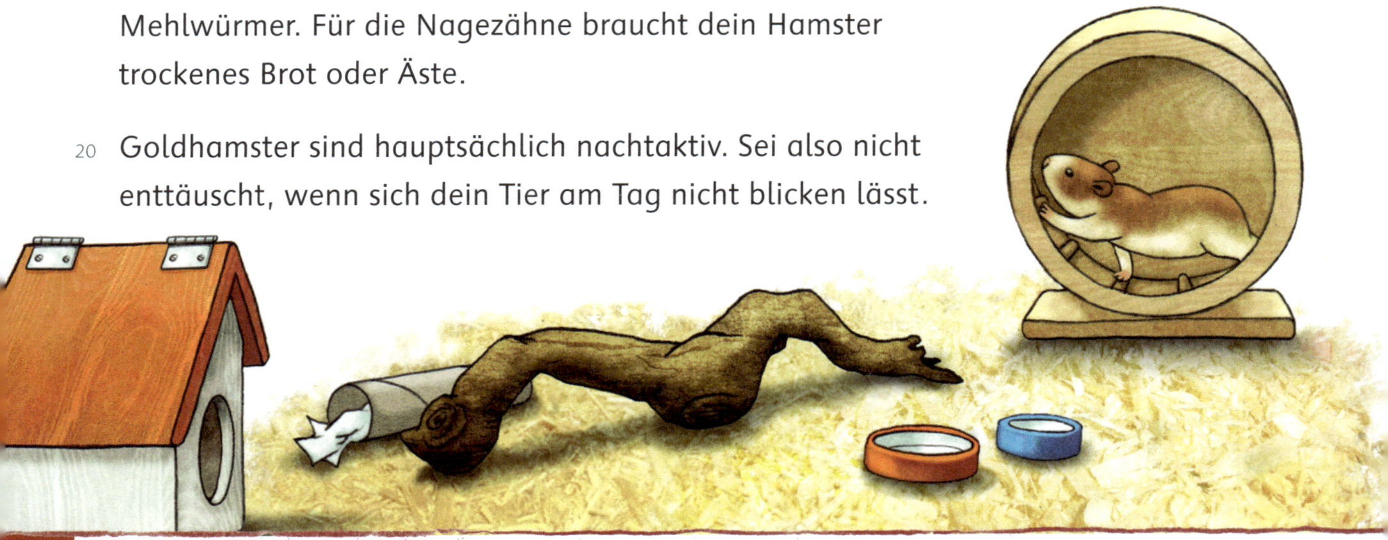

1 Lies den Text bis Zeile 6. Ergänze den blauen Teil des Clusters. Beschreibe das Aussehen des Goldhamsters.

2 Lies den Text. Trage die markierten Oberbegriffe ein und ergänze den Cluster. Halte einen Vortrag über den Goldhamster.

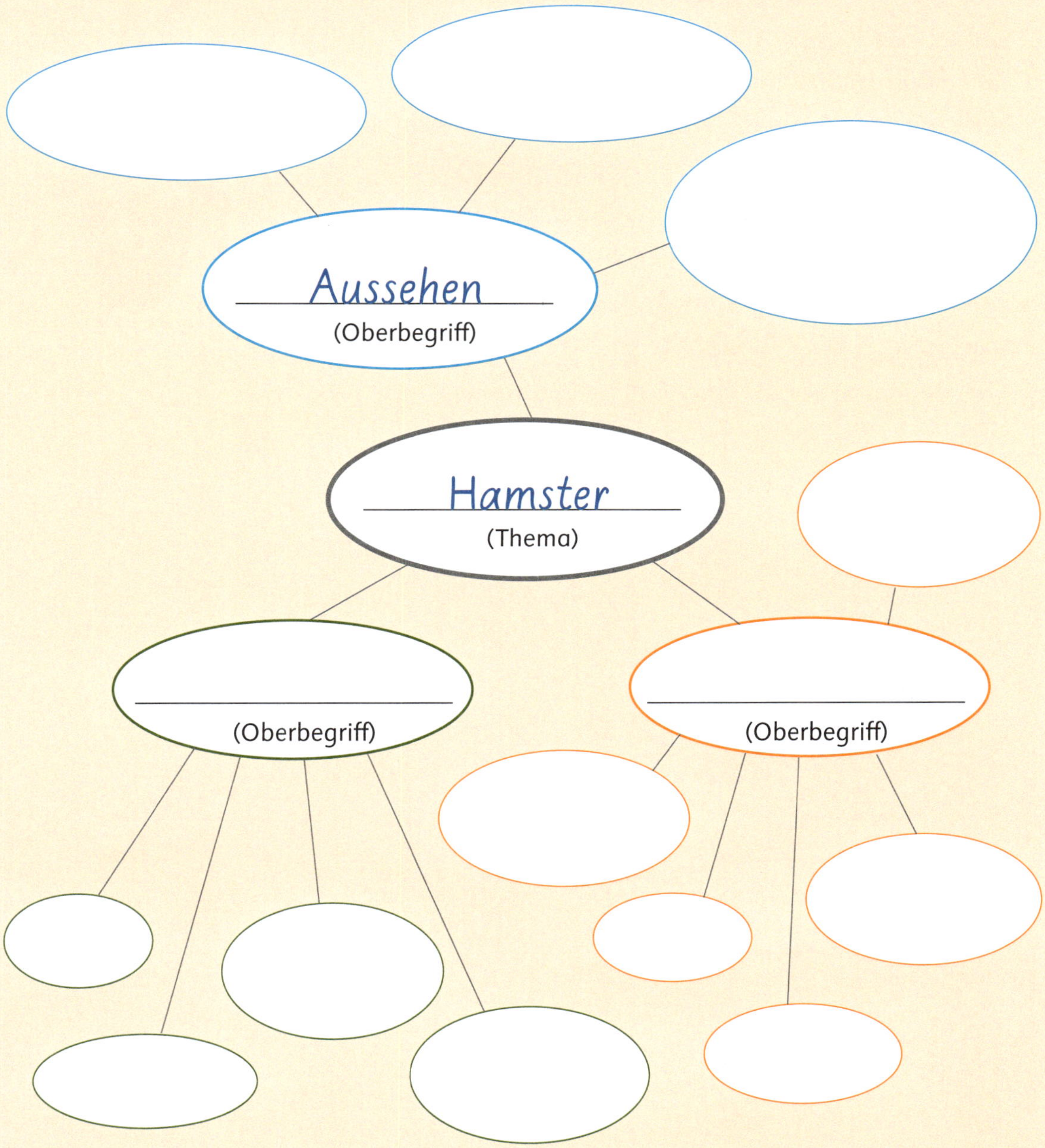

Texte besser verstehen: ein Schaubild zum Text gestalten

3 Lies den Text. Ergänze den Cluster.

4 Halte mit Hilfe deines Clusters einen Vortrag über den ALB.

Der gefährliche ALB

Europa ist auf der Hut vor dem Asiatischen Laubholzbockkäfer („ALB“). Seine ursprüngliche Heimat sind China, Korea und Japan.

Der Käfer ist schwarz mit weißen Punkten, und er hat sehr lange Fühler. Sein länglicher Körper misst ungefähr 30 Millimeter. Der ALB befällt nur Laubbäume, zum Beispiel Ahorn, Birke und Rosskastanie. Die Weibchen bohren Löcher in die Rinde und legen darin ihre Eier ab. Nachdem die Larven geschlüpft sind, fressen sie 1 bis 3 Zentimeter dicke Gänge in das Holz. Der Baum stirbt schließlich ab.

Texte besser verstehen: ein Schaubild zum Text gestalten

1 Lies den Text. Unterstreiche die Daten und die wichtigen Ereignisse. Ergänze die Zeitleiste.

Das ist Tina

Ich bin Tina und gehe in die 4. Klasse. 2004 kam ich in den Kindergarten. Das war ein ganz toller Waldkindergarten. Mein Bruder Tim wurde 2005 geboren, da war ich schon drei Jahre alt. Mit sechs Jahren kam ich in die Schule, das war 2008. In meiner Hasen-Klasse habe ich gleich viele Freunde gefunden. Leider sind wir ein Jahr danach in eine andere Stadt gezogen. Als ich 8 Jahre alt geworden bin, bekam ich Mia, mein Kätzchen.

Weißt du auch, wann ich geboren wurde?

Tinas Zeitleiste

2011	Klasse 4
	Geburt

Texte besser verstehen: ein Schaubild zum Text gestalten

Der große Sioux-Häuptling Sitting Bull

Ein zehnjähriger Junge aus dem Stamm der Sioux bezwingt 1841 seinen ersten Bison. Der Legende nach bringt er ihn zum Sitzen und wird fortan „Sitzender Büffel“, Sitting Bull, gerufen.

Als in Amerika um 1850 Gold gefunden wird, beginnen die Weißen mit dem Bau einer Eisenbahnlinie durch das Indianerland. Die Indianer wehren sich und zwölf Jahre später ziehen sie in den Krieg gegen die Bleichgesichter. Jedoch können sie den Bau des bedrohlichen „eisernen Pferds“ nicht stoppen: Im Jahr 1869 fährt zum ersten Mal ein Zug von der Ostküste bis zur Westküste. Zudem töten die Weißen riesige Herden von Bisons, von denen die Indianer leben.

In der berühmten Schlacht am Little Bighorn River erringen die Indianer sieben Jahre später ihren größten Sieg gegen die Soldaten. Doch Sitting Bull kämpft auch mit Worten: In vielen Reden und Auftritten versucht er, auf die verzweifelte Lage der Indianer aufmerksam zu machen und den Schutz ihres Lebensraums durchzusetzen.

Am 15. Dezember 1890 wird Sitting Bull bei seiner Verhaftung erschossen. Der berühmte Häuptling Sitting Bull ist für viele Menschen noch immer ein Vorbild.

2 Suche die Jahreszahlen aus der Zeitleiste im Text und schreibe die Ereignisse an die passenden Stellen.

3 Lies den Text. Suche alle Informationen zu Sitting Bull und vervollständige die Zeitleiste.
Achtung: Manche Zeitangaben musst du errechnen.

1890 ____________________

______ ____________________

1869 ____________________

______ ____________________

1850 ____________________

1841 ____________________

______ ____________________

Texte besser verstehen: Lesetipps anwenden und bewerten

Eine Erfindung – viele Väter

Am 26. Oktober 2011 war es genau 150 Jahre her, dass der hessische Lehrer Johann Philipp Reis sein elektrisches Wunderwerk vorstellte: das erste Telefon. Zwar hatte schon 1854 der französische Erfinder Bourseul an der elektrischen Übertragung der menschlichen Stimme gearbeitet, doch seine „verrückte Idee" nahm niemand ernst. Der Apparat von Philipp Reis wandelte gesprochene Worte in elektrische Signale um. Diese elektrischen Signale liefen durch einen Draht und wurden am anderen Ende der Leitung wieder zu Worten. Allerdings hatte Reis' Telefon einen entscheidenden Nachteil. Es konnte immer nur eine Person sprechen und die war am anderen Ende nur schwer zu verstehen. Wirklich erfolgreich wurde das Telefon erst mit Alexander Graham Bell. Möglicherweise hatte Bell heimlich die Unterlagen des Italieners Antonio Meucci verwendet, der schon 1860 einen funktionierenden Apparat gebaut hatte. Bells Weiterentwicklung der Erfindung ermöglichte eine wirkliche Kommunikation. Sender und Empfänger konnten nun miteinander sprechen. Im Jahr 1876 erhielt Bell das Patent auf das Telefon und war damit als Erfinder des Telefons eingetragen.

1 Lies den Text und versuche, alle Lesetipps anzuwenden.
Benutze für deine Notizen dein Heft oder ein Blatt.

2 Markiere Tipps, die dir am meisten geholfen haben.
hat mir sehr geholfen hat mir geholfen

Alle Lese-Tipps auf einen Blick

☐ Lies zuerst die Überschrift.

☐ Schau dir die Bilder an.

☐ Vermute, worum es in dem Text geht.

☐ Was weißt du schon über das Thema? Was möchtest du wissen? Was erwartest du?

☐ Verschaffe dir einen Überblick über den Text. Lies zwei Sätze vom Anfang, aus der Mitte und vom Ende des Textes.

☐ Wenn du etwas nicht verstanden hast, lies den Abschnitt oder den ganzen Text noch einmal.

☐ Kläre die unbekannten Wörter.
- Suche im Text nach einer Erklärung.
- Schau dir die Bilder an.
- Schlage in einem Lexikon nach.
- Frage andere Kinder oder Erwachsene.

☐ Teile den Text in Abschnitte ein.
Überlege dir für jeden Abschnitt eine Überschrift.

☐ Finde die wichtigen Wörter in jedem Abschnitt.

☐ Stelle W-Fragen an den Text:
Wer? Was? Wann? Warum? Wo? Wie?

☐ Gestalte ein Schaubild zum Text.

☐ Erkläre jemandem, worum es in dem Text geht.
Nutze dazu deine Überschriften zu den Abschnitten, deine wichtigen Wörter und dein Schaubild.

☐ Überprüfe: Welche deiner Vermutungen passen zum Text?
Hat der Text deine Erwartungen erfüllt?

Textarten erkennen: Sagen

Sagen sind oft schon sehr alt, früher wurden sie mündlich weitererzählt.
Daran kannst du Sagen erkennen:

- Meistens wird der Ort genannt.
- Sagen beziehen sich häufig auf etwas, das es in der Wirklichkeit gibt.
- Sagen erklären oft, woher ein Name kommt oder wieso etwas in der Natur vorkommt, wie zum Beispiel ein Felsen, der eine besondere Form hat.
- In Sagen passieren merkwürdige und magische Dinge. Es kommen auch Drachen, Zwerge oder der Teufel vor.
- Manchmal werden die Taten eines Helden erzählt. Das ist eine Heldensage.

Der Rosenstrauch zu Hildesheim

Als Kaiser Ludwig der Fromme im Winter in der Gegend von Hildesheim jagte, verlor er sein heiliges Kreuz, das ihm sehr lieb war. Er sandte seine Diener aus, um es zu suchen, und gelobte, an dem Orte, wo sie es finden würden, eine Kapelle zu bauen. Die Diener verfolgten die Spur der Jagd auf dem Schnee und sahen bald aus der Ferne mitten im Wald einen grünen Rasen und darauf einen blühenden wilden Rosenstrauch. Als sie ihm näher kamen, hing das verlorene Kreuz daran. Sie nahmen es und berichteten dem Kaiser, wo sie es gefunden hatten. Alsbald befahl Ludwig, auf der Stätte eine Kapelle zu erbauen und den Altar dahin zu setzen, wo der Rosenstock stand. Dieses geschah, und bis auf diese Zeiten grünt und blüht der Strauch. Er hat mit seinen Ästen und Zweigen die Rundungen des Doms bis zum Dache umzogen.

Brüder Grimm

1 Lies die Sage. Welche Person, kommt darin vor, die es wirklich gegeben hat? Schreibe auf.

2 An welchem Ort spielt die Sage? Schreibe auf.

3 Was ist an diesem Ort Besonderes zu sehen? Schreibe auf.

4 Lies die Sage. Markiere die Person, die es wirklich gegeben hat, und den Ort, den es wirklich gibt. Markiere in einer anderen Farbe, was Merkwürdiges geschehen war.

5 Warum ist die Geschichte des Rosenstrauchs von Hildesheim eine Sage? Lies nach auf Seite 22 und schreibe mindestens drei Gründe auf.

Textarten erkennen: Fabeln

Fabeln sind kurze Erzählungen, in denen Tiere sprechen können.
Daran erkennst du Fabeln:

- Die Tiere verhalten sich wie Menschen.
- Die Tiere in einer Fabel sind oft Gegenspieler.
- Meistens geht es in Fabeln um typisch menschliche Eigenschaften wie Neid, übertriebener Ehrgeiz, Faulheit oder Boshaftigkeit.
- In der Fabel ist der Fuchs oft schlau, der Rabe ist eitel, der Wolf ist grimmig, das Schaf ist dumm, der Löwe ist stark, die Maus ist mutig.
- Fabeln enthalten immer eine Lehre für richtiges Verhalten. Diese Lehre nennt man Moral.

Der Fuchs und der Ziegenbock

Ein Fuchs fiel in einen tiefen Brunnen und konnte nicht heraus. Ein durstiger Ziegenbock kam zum Brunnen und fragte: „Ist das Wasser gut?“ Der Fuchs verschwieg, dass er hinabgestürzt war, und antwortete: „Das Wasser ist klar und schmeckt gut; komm nur auch herab!“ Das tat der Bock und als er seinen Durst gelöscht hatte, fragte er: „Wie können wir aber wieder herauskommen?“ Der Fuchs entgegnete: „Du stellst dich auf die Hinterbeine, stemmst die Vorderbeine gegen die Wand und streckst deinen Hals aus. Dann werde ich über deinen Rücken und deine Hörner hinaufklettern und dir auch heraushelfen.“ Der Ziegenbock tat, was der Fuchs geraten hatte. Sogleich sprang dieser über ihn hinweg und mit einem kräftigen Satz auf den Brunnenrand. Dort tanzte er voll Freude und verhöhnte den Bock. Dieser schalt ihn vertragsbrüchig. Der Fuchs aber sagte: „Wenn du in deinem Kopf so viele Gedanken hättest wie Haare in deinem Bart, so wärst du nicht hinuntergestiegen, ohne zu bedenken, wie du wieder herauskommst!“

nach Äsop

1 Lies die Fabel. Unterstreiche die wörtliche Rede von Fuchs und Ziegenbock in zwei unterschiedlichen Farben.

2 Ordne diese Eigenschaften dem Fuchs und dem Ziegenbock zu. Schreibe sie darunter.

schlau, dumm, hinterlistig, einfältig, schadenfroh, heuchlerisch, unüberlegt

Ziegenbock

Fuchs

Ziegenbock	Fuchs
______________________	______________________
______________________	______________________
______________________	______________________
______________________	______________________

3 Lies die Fabel. In welchen Zeilen steht die Moral? Male die richtige Zeilenangabe an. Schreibe den richtigen Satz aus der Fabel auf.

Zeile 4–5 Zeile 8–11 Zeile 16–18

____

____

____

____

4 Lies die Fabel. Welche Moral passt dazu? Markiere.

Ein langer Bart macht schlau.

Wer anderen hilft, ist dumm.

Überlege gut die Folgen, bevor du etwas tust.

Wer richtig durstig ist, der ist auch mutig.

Textarten erkennen: Gedichte

Gedichte haben ein besonderes Schriftbild.
Sie sind oft in Absätze unterteilt. Diese Absätze heißen Strophen.
Die einzelnen Zeilen der Gedichte heißen Verse.

- Es gibt ungereimte und gereimte Gedichte.
  Gereimte Gedichte können ein unterschiedliches Reimschema haben.
- In manchen Gedichten ändert sich das Reimschema.
- Viele Gedichte musst du mehrmals lesen, damit du sie verstehst.

A

Gestern hab ich mir vorgestellt,
ich wär der einzige Mensch auf der Welt.
Ganz einsam war ich und weinte schon,
da klingelte leider das Telefon.

B

Wir haben uns die Hand gegeben
und kamen überein,
wir wollten für das ganze Leben
die besten Freunde sein.

C

Was wir hier machen?
Augen offen halten, wachen
über Bäume, Bach und Kiesel,
über Eule, Frosch und Wiesel,
über Schwalben und Libellen,
die im leichten Zickzackflug
über Busch und Wiese schnellen,
über Schlange, Wolf und Bär,
über Maulwürfe und Echsen,
über Füchse, Mäuse, Spinnen –
Wir, die Birnbaumwiesenhexen.

D

Gedichte mag ich
freue mich an ihrem Klang
verwandelt Sprache.

Kreuzreim: Die Reimwörter stehen jeweils in der übernächsten Zeile.
Paarreim: Die Reimwörter stehen in zwei aufeinanderfolgenden Versen.

1 Lies die Gedichte A und B. Unterstreiche die Reimpaare in unterschiedlichen Farben. Benenne das Reimschema von Gedicht A und von Gedicht B.

Gedicht A: ______________________________

Gedicht B: ______________________________

2 Lies das Gedicht C. Unterstreiche die Reimpaare in unterschiedlichen Farben. Was fällt dir auf?

____

____

____

3 Lies die beiden Gedichte C und D.
Vergleiche die Form der beiden Gedichte. Was fällt dir auf?
Lies auch nach auf Seite 26.

____

____

____

____

____

____

____

Textarten erkennen: Prospekte

- Prospekte werben für etwas Bestimmtes.
- Prospekte enthalten viele Angaben und oft Fotos, Bilder, Tabellen und Listen.
- Schriftarten, Schriftgrößen und verschiedene Farben spielen eine große Rolle.

Kletter-Erlebnis-Wald

Wie Tarzan von Baum zu Baum schwingen!
Wie ein Affe in der Krone turnen!
Skateboarden im Wipfel der Bäume!
Mit der Seilbahn durch den Wald sausen!

Das alles bietet der Kletter-Erlebnis-Wald!

7 verschiedene Kletterpfade –
auch für Anfänger.
Mit Klettergurten und Karabinerhaken
für Profis sicher klettern.

Bonobo: Einstiegsbahn für Kinder, ab 5
Orang-Utan: 12 Elemente und 30 m Seilbahn, ab 8
Gibbon: mit Skateboard in 10 m Höhe, ab 8
Meerkatze: mit Tarzansprung, ab 12
Tarzan: Klettern in 20 m Höhe, ab 12
Baumkönig/Baumkönigin: nur für trainierte Kletterer, ab 16
Dschungelmeister: für Könner, ab 18

Saison: täglich vom 1. April bis 31. Oktober
Öffnungszeiten: Kletterstart: 10 Uhr
Kletterende: Mai bis August 20 Uhr
Nebensaison: 2 Stunden vor Dämmerung

Preisermäßigung für Gruppen ab 6 Personen.

Minderjährige benötigen eine Einverständniserklärung der Eltern.
Kinder bis 14 Jahren nur in Begleitung Erwachsener.

Bei Starkregen, Sturm und Gewitter geschlossen.

Am 30. März wird Nele 10 Jahre alt. Sie darf fünf Kinder aus ihrer Klasse in den Kletterwald einladen.

1 Wann könnten die Kinder den Ausflug machen? Kreuze an.

☐ Freitag, 30. März ☐ Samstag, 31. März ☐ Sonntag, 1. April

2 Welche Kletterpfade dürfen die Kinder klettern?

____

3 Was muss Nele bei starkem Regen beachten?

____

4 Was müssen die Kinder unbedingt mitbringen, damit sie klettern dürfen?

____

____

5 Markiere alle Informationen im Prospekt, die für Nele wichtig sind.

6 Beantwortet der Prospekt diese Fragen? Kreuze an.

	ja	nein
Wie viel Geld kostet der Ausflug?	☐	☐
Müssen die Kinder vorher klettern üben?	☐	☐
Kann Nele den Dschungelmeister klettern?	☐	☐
Wie lange darf Nele mit ihren Gästen bleiben?	☐	☐

Inhaltsverzeichnis

Lesestrategien

Texte besser verstehen: W-Fragen zu Texten stellen	12–13
sinnvolle W-Fragen auswählen	
W-Fragen zum Text formulieren, Antworten im Text markieren	
W-Fragen beantworten, W-Fragen zum Fortgang der Geschichte formulieren	
Texte besser verstehen: ein Schaubild zum Text gestalten	14–19
Cluster zu einem Textabschnitt vervollständigen	
Oberbegriffe finden und Cluster zum Text vervollständigen	
Cluster zu einem Text anlegen	
Informationen aus Text entnehmen und einfache Zeitleiste ergänzen	
Informationen aus Text entnehmen und Zeitleiste ergänzen	
Informationen aus Text entnehmen, erschließen und Zeitleiste ergänzen	
Texte besser verstehen: Lesetipps anwenden und bewerten	20–21
Lesestrategien anwenden, Nutzen der Strategien einschätzen	
Lesestrategien anwenden, Nutzen der Strategien einschätzen	
Lesestrategien anwenden, Nutzen der Strategien einschätzen	

Textgattungen

Quellenverzeichnis

S.4/5: Büchel, Simak: Baum 532 (bearb.). Illustrationen von Fides Friedeberg und Cover. Dix Verlag: Düren Bonn 2011

S.6: Cover: Signe Seiler: Indianer. Was ist Was, Bd. 42. Tessloff: Nürnberg 2010; Cover: Jens Poschadel: Geschöpfe der Dunkelheit. Esslinger: 2010; Cover: Cornelia Funke: Gespensterjäger im Feuerspuk. Loewe: Bindlach 2005; Cover: Noch mehr Rätselkrimis für unterwegs. Bassermann: München o.J.

S.7: Janßen, Ulrich: Sonnen und Sterne (gek.), aus: Hat der Weltraum eine Tür? Deutsche Verlagsanstalt: München 2007. Bild: NASA Gov. JPL

S.12: Endres, Brigitte: Paul fährt vor (Originaltitel: Paul und der fabelhafte Herr Plümo, bearb.). Tulipan: Berlin 2010

S.20: picture alliance/Everett Collection

S.22: Brüder Grimm: Der Rosenstrauch zu Hildesheim, (bearb.), aus: Deutsche Sagen, 2. Theil. Nicolai: Berlin 1818

S.26: Wittkamp, Frantz: Gestern, aus: H.-J. Gelberg (Hg.): Überall und neben dir. Beltz: Weinheim und Basel: 1989; ders.: Wir haben uns die Hand gegeben, aus: Alle Tage ein Gedicht. Coppenrath: Münster 2002; Loschütz, Gert: Auf der Birnbaumwiese (gek.). Schöffling & Co.: Frankfurt a.M. 2011

S.28: picture-alliance: dpa/Marc Tirl; Paul Mayall; DUMONT Bildarchiv/Martin Kirchner

Alle anderen Beiträge sind Originalbeiträge.